La Feste
Du Chasteau. ou...

Favart

[illegible]
[illegible]
[illegible]
[illegible]
[illegible]
[illegible]
[illegible]
[illegible]
[illegible]
[illegible]
[illegible]
[illegible]
[illegible]
[illegible]

Voicy Cequi a donné lieu a
Cette piece ; Madame De
moncomseil ayant fait
Innoculer Sapetitte fille, Voulut
faire celebrer L'heureuse reüissitte
de ce remede anglois, par
Une fête dont elle chargea
Mr favart. La precipitation
auec Laquelle Il falloit La
mettre En etat d'estre composée
en d'estre executée, obligea ce
gracieux autheur, fautte d'un
musicien qui put faire aller
promptement Une musique
Entierement nouuelle auec
touttes Ses partitions, a

Musiciens, grands chanteurs, Blaise
Excellent chanteur, et compositeur,
D'un merite connu; Ils firent
ensemble quelques airs de
Vaudeville anciens modernes
et des ... et ...
deja ... executer et
applaudir, de son ...
Blaise en composa d'hommeau
... pour ... de ...
... ... en ... la
... L'ouvrage fut par
le temps ... cette comédie
fut executée ... auteurs

du théâtre Italien, employés
plusieurs fois par un monsieur
quel des fêtes de la composition
de Favart, données au roy Stanislas
dans sa maison au bois de
Boulogne. Comme celuy fut
très goûtée ... rapporta
de la donner sur son théâtre, lui
faisant ... lut de la peine en l'ouverture
il craignoit que cette pièce qu'il
n'ayant pas eu tout le temps de
de travailler ... pas ... soit
favorable ... observation dans
les répétitions ... rejoignit ...
... la ballet. La pièce a été
fort bien reçue du public, et elle
a fourni des chansons ...
...

LA FÊTE DU CHÂTEAU,

DIVERTISSEMENT

Mêlé de Vaudevilles & de petits Airs ;
Par M. *** FAVART

Représenté pour la premiere fois par les Comédiens
Italiens ordinaires du Roi, le 25 Septembre
1766.

Le prix est de 24 sols avec la Musique.

A PARIS,

Chez la Veuve Duchesne, Libraire, rue S. Jacques,
au-dessous de la Fontaine Saint-Benoît,
au Temple du Goût.

M. DCC. LXVI.
Avec Approbation & Privilége du Roi.

ACTEURS.

LE DOCTEUR GENTIL.

Madame JORDONNE, *Concierge.*

COLETTE, *Amante de Jacquot.*

THIBAUD, *Jardinier.*

JACQUOT, *Jardinier fleuriste.*

GERARD, *père de Colette, & Fermier de la Dame du Château.*

HUBERT, *Garde-Chasse.*

M^e. AMBOISE, *Tabellion.*

BLAISE, *Vigneron.*

LA FÊTE DU CHÂTEAU.

SCÈNE PREMIÈRE.

Madame JORDONNE, LE DOCTEUR GENTIL.

Air de Rameau : Dans ce couvent.

Oui, je l'ai dit,
Je l'ai dit ;
Cela suffit.
Par d'utiles secrets,
Je sçais rendre une fille
Plus gentille
Que jamais ;
Et cet enfant,
Cet enfant
Qu'on chérit tant,

De rofes & lys
A repris
Le coloris.
En doutant de mon art,
On me manque d'égard :
Car
Je l'ai dit,
Je l'ai dit ;
Cela fuffit.

Madame JORDONNE.

Eh ! doucement, Monfieur le Docteur ;
ne vous fâchez pas.

LE DOCTEUR.

Comment ! que je ne me fâche pas ! La
fcience de l'Inoculation qui vient de Géor-
gie, de Circaffie, qui s'eft perfectionnée en
Angleterre... Eft-ce que vous feriez contre ?

Madame JORDONNE.

Eh ! point du tout ; c'eft moi qui vous ai
prôné, qui vous ai introduit dans la maifon.
Je fuis de votre parti, & c'eft d'après votre
décifion que j'ai commandé la fête qui doit
célébrer la convalefcence de notre jeune
Maitreffe.

LE DOCTEUR.

Vous avez bien fait.

Madame JORDONNE.

A propos ; que Madame & elle n'en fça-
chent rien encore.

DIVERTISSEMENT.

LE DOCTEUR.

Non , non ; je leur défendrai de prendre
l'air de tout le jour , & le foir elles verront
votre fête fur le balcon.

Madame JORDONNE.

Mademoifelle Life , cette chere enfant ;
vous nous l'avez confervée. Il n'y a rien de
fi charmant que votre art.

LE DOCTEUR.

J'aime que vous penfiez comme cela.

Madame JORDONNE.

Air : *V'là c'que c'eft qu'd'aller au bois.*
De l'art d'un Inoculateur
C'eft l'Amour qui fit l'inventeur.
Pour l'interêt d'un jeune cœur ,
    On fait la piqûure :
        La cure
        En eft fure.
Jeunes Beautés , ne craignez rien ;
C'eft un mal qui fait du bien.

LE·DOCTEUR.

On apprendra par le fuccès
Qu'on en eft plus charmante après ;
On a le teint plus vif , plus frais.
    Par-tout ma méthode
    Devient à la mode ;
C'eft pour plaire un nouveau moyen ;
C'eft un mal qui fait du bien.

A iij

Defir de plaire eft le plus fort ;
Tou: bas à l'oreille ,
L'Amour la confeille :
Ma belle enfant , ne craignez rien :
C'eft un mal qui fait du bien.

LE DOCTEUR.

Vous avez des idées juftes, Madame Jordonne ; on peut s'en rapporter à moi quand on a mon âge , mon expérience.

Madame JORDONNE.

Votre âge , votre âge ! eh ! quel âge avez-vous donc , Monfieur le Docteur Gentil ?

LE DOCTEUR.

J'approche de la cinquantaine.

Madame JORDONNE.

Cela ne fe peut pas ; je vous ai vû naître.

LE DOCTEUR.

Vous m'avez vû naître ?

Madame JORDONNE.

Eh ! oui. Ne vous fouvenez-vous plus de la petite Catherine ?

LE DOCTEUR , *prenant un air riant.*

La petite Catherine ?

Madame JORDONNE.

Oui , qui n'avoit que dix ans quand elle vous donnoit des foufflets & des bonbons à Madrid où nous fommes nés.

LE DOCTEUR, *avec un peu plus de gaieté.*
Je me rappelle.

Madame JORDONNE.
Ah! que vous étiez méchant, efpiegle!
un petit poliçon qui jettoit des pierres pour
affommer tout le monde, & qui avec fon
petit doigt faifoit à tous les paffans: tuë, tuë.
L'âge vous a bien perfectionné: vous vous
êtes fait Médecin.

LE DOCTEUR.
Paix, paix. Quoi! c'eft vous, la petite
Catherine?

Madame JORDONNE.
AIR.
Des jeux de fon enfance
On fe fouvient toujours;
L'âge de l'innocence
Eft l'âge des beaux jours.
Jouant à la Madame,
Moi, je faifois la femme;
Vous étiez mon époux:
Hein! hein! vous en fouvenez-vous?

A la cligne-mufette,
Que nous étions joyeux!
Dans la même cachette
On nous trouvoit tous deux.
Le foir autre amufette;
Sur notre efcarpolette,
Affis fur mes genoux:
Hein! hein! vous en fouvenez-vous?

LE DOCTEUR.

Etant plus grandelette,
(Ah ! j'y crois être encor !)
Nous allions fur l'herbette :
Vous étiez un tréfor.
Vous failiez la févere ;
Un jour je vous fis taire
Avec un baifer doux :
Hein ! hein ! vous en fouvenez-vous.

Madame JORDONNE.

Je ne me rappellé pas cela, Monfieur le Docteur.

LE DOCTEUR.

Cela peut être. Nous datons de bien loin, ma bonne amie.

Madame JORDONNE.

Ah ! ne me rendez pas fi vieille.

LE DOCTEUR.

Ah ! ne me rendez pas fi jeune.

Madame JORDONNE.

Vous voulez paroître vieux ; je n'en fuis pas la dupe.

(Elle lui recule fa perruque.)

LE DOCTEUR.

Que faites-vous ? Vous m'enlevez ma réputation.

Madame JORDONNE.

Comment ! votre réputation ... une perruque...

DIVERTISSEMENT.

LE DOCTEUR.

Eh ! oui, oui, une perruque ! je ne fuis encore qu'un Médecin de campagne. Je veux me faire un nom, & vous fçavez le proverbe : jeune Chirurgien, vieux Médecin.

Madame JORDONNE.

Écoutez ; j'ai le même intérêt que vous à paroître plus âgée que je ne le fuis. Une femme qui gouverne une maifon, doit avoir un air impofant pour fe faire refpecter. Il faut prendre fur foi, cela coûte. On a encore de la vivacité qu'il faut contenir, cela caufe un certain mal-aife.

LE DOCTEUR.

N'avez-vous jamais été mariée ?

Madame JORDONNE.

Non, non.

LE DOCTEUR.

Abfolument ?

Madame JORDONNE.

Non, Monfieur le Docteur.

LE DOCTEUR.

Il y a ici un certain Jacquot qui eft un joli garçon : fon pere l'a élevé d'une maniere au-deffus de fon état. Il peut vous convenir. Il me paroît qu'il vous rend des foins.

Madame JORDONNE.

Oh ! non ; il a une petite Maitreffe dont il eft éperdu.

LE DOCTEUR.

Oui, je fçais: c'eft la petite Colette, fille de Gérard Fermier de Madame; mais fon mariage eft arrêté avec Hubert le Garde-Chaffe; voyez, fuivez cela fans faire femblant de rien; & nous verrons à profiter des circonftances.

Madame JORDONNE.

Et vous croyez donc abfolument qu'il faut?...

LE DOCTEUR.

Oui, oui; vous avez un cœur fenfible ?

Madame JORDONNE.

Comme une autre, Monfieur le Docteur.

LE DOCTEUR.

Voyons votre pouls: il y a de la chaleur... de l'ardeur... la tête embarraffée....

Madame JORDONNE.

Oui, Monfieur le Docteur.

ARIETTE *en Duo.*

LE DOCTEUR.

Ce pouls eft bien jeune encore :
Ah! comme il va !
Ta, ta, ta, ta.
Certain ennui vous dévore.

Madame JORDONNE.

Certain ennui me dévore !

LE DOCTEUR.

Prenez garde à ça.
Ta, ta, ta, ta.
Le pouls remonte.

DIVERTISSEMENT. 17

Madame JORDONNE.
Ah ! finiſſez.

LE DOCTEUR.
Bon ! quelle honte !
Laiſſez , laiſſez.

Madame JORDONNE.
J'ai beſoin d'aide ;
Parlez en ami.

LE DOCTEUR.
Le vrai remede ,
C'eſt un bon mari.

Madame JORDONNE.
Eh bien ! Monſieur le Docteur , je veux
un mari de votre main.

LE DOCTEUR.
Volontiers, & je m'y engage. Sçavez-vous
bien que vous êtes charmante encore ?

Madame JORDONNE
Encore ! comme le tems paſſe !

LE DOCTEUR.
Adieu , ma petite Catherine , ma payſe. Je
crois voir quelqu'un. (*Gravement.*) Adieu ,
Madame Jordonne.

SCENE II.
Madame JORDONNE, THIBAULT.

Madame JORDONNE.

Air : Anglois.

MOnsieur le Docteur n'eft pas bête ;
Le principe eft la ;
Je fens cela :
Oui, le principe eft là,
Là.
Mais fongeons d'abord à la fête :
Mon premier devoir
Eft d'y pourvoir.
A tout il faut prévoir,
Voir.
(*A Thibault.*) Çà, çà, dépêche,
Thibault ;
Prends ta bêche,
Tôt, tôt, tôt,
Viens, Thibault.
Vois s'il ne manque ici rien :
Tien.
(*En fe tâtant le cœur.*)
De la chaleur,
De l'ardeur
Qui m'empêche...
(*A Thibault.*) Viens ici,
Vois ceci.

Fait-on ſon ouvrage ainſi ?
Si...
(En ſe tâtant le pouls.)
Le feu va du cœur à la tête ,
De la tête il va...
Ta , ta , ta , ta.
Oui , prenons garde à ça.
(A Thibault.)
Il faut que moi-même j'apprête.
Vois ſous ce berceau ;
Prends un râteau :
Tu reſtes-là toujours ;
Cours.

THIBAULT.

Parguenne ! Madame Jordonne, vous avez le commandement beau ; mais vous me parlez, vous ne me parlez pas. Prends ta bèche , prends ton râteau : on ne fait ce que vous voulez dire.

Madame JORDONNE.

Je crois que tu raiſonnes. Tiens , viens donc que je te montre.

SCENE III.

Madame JORDONNE , THIBAULT ; JACQUOT.

JACQUOT.

Air : *L'Amour eſt dans ce jardin.*

DE la plus brillante aurore,
Ces beaux lieux ſont éclairés ;
Et des richeſſes de Flore ,
Tous les jardins ſont parés.
Le printems vient de renaître :
Liſe , notre cher tréſor ,
A nos yeux va reparoître
Plus fraîche & plus belle encor.

Madame JORDONNE , *à Thibault.*

Tu n'as-pas encore ſongé à cette allée-là.

JACQUOT.

Cette jeune Demoiſelle
Eſt la fille du Château ;
Pour lui témoigner mon zele ,
J'ai quitté notre hameau.
Dans cette heureuſe retraite
Que puis-je encore eſperer ?
Ah ! ſi j'y revois Colette ,
Je n'ai rien à deſirer.

Eh ! venez donc , venez donc par ici , Madame Jordonne.

Madame JORDONNE, *à Thibault.*
Ah! voilà Jacquot ; laiſſez-nous.

THIBAULT.
Mais non ; il faut bien que j'acheve ce que
vous me commandez.

Madame JORDONNE, *à Jacquot.*
Que veux-tu. mon fils ? Dépêche , je ſuis
preſſée.

JACQUOT.
Un moment, un moment.

Madame JORDONNE.

Air : *Contredanſe du Diable à quatre.*

Du matin au ſoir , dans ce Château
Il abonde
Une foule de monde ;
C'eſt à chaque inſtant un ſoin nouveau ;
Et c'eſt moi qui ſoutiens le fardeau.
Il faut veiller à l'office ;
De nos caves j'ai les clefs.
Par moi , pour tout le ſervice ,
Les mémoires ſont reglés.
Marchands & valets
Sont ſatisfaits ;
Tous éprouvent mon zele
Fidèle.
Je pourvois à tout, de loin, de près ,
Et je ſonge à tous nos intérêts.

JACQUOT.
Oui , je ſçais bien , je ſçais bien.

Madame JORDONNE.

Ma Maitreſſe liberale
Permet que dans le logis
Les Dimanches je régale
Quelqu'un de mes bons amis ;
Mais ſans abuſer de ce loiſir ,
Mon bonheur me rappelle
 Près d'elle.
Je trouve plus doux de la ſervir :
Mon devoir eſt mon plus grand plaiſir.

JACQUOT.

Il eſt vrai que , depuis quinze jours , l'état de notre jeune Maitreſſe vous a bien donné de l'embarras.

Madame JORDONNE.

Je n'y ſonge plus ; elle ſe porte bien.

JACQUOT.

Je n'ai pas eu moins d'inquiétude que vous. Quelle diable d'idée auſſi d'aller ſe rendre malade pour avoir de la ſanté !

Madame JORDONNE.

Sa convaleſcence eſt une fête.

JACQUOT.

Je ſuis un des premiers à la célébrer.

Madame JORDONNE.

Cela eſt louable.

JACQUOT.

Air, Qu'en voulez-vous dire ?

J'amene des fleurs à foiſon ,
Ma voiture en eſt toute pleine.

Vous

Vous en voyez l'échantillon ;
Ma foi vous en aurez l'étrenne.
Madame JORDONNE.
Jacquot, dans mon tems de beauté,
Je l'aurois assez mérité.
JACQUOT.
Oh ! permettez avec bonté
Que je vous, que je vous le donne,
Madame Jordonne ;
Permettez donc avec bonté,
Que je l'attache à votre côté.
Madame JORDONNE.
Rien n'est plus galant que cela ;
Grand merci de ta complaisance.
JACQUOT.
Ces roses que je place là
Sont en pays de connoissance :
Un baiser doit être ajoûté.
Madame JORDONNE.
Mais, mais, Jacquot, en vérité...
JACQUOT.
Çà, permettez avec bonté,
Que je vous, que je vous le donne ;
Madame Jordonne ;
Çà, permettez avec bonté
Que je vous le donne avec gaité.
THIBAULT, *tirant Madame Jordonne par le bras.*
Eh ! ben, Madame, c'est-il bien ? Etes-vous
contente ? voyez.
Madame JORDONNE.
Comment ! te voilà encore ! ne t'ai-je pas
dit d'aller travailler là-bas au petit pavillon
du jardin ?

B

THIBAULT.

Pas un mot.

Madame JORDONNE.

Eh bien ! vas-y. (*A part.*) Ce drôle-là veut sçavoir tout ce qu'on fait, tout ce qu'on dit.

THIBAULT.

Hon, hon.

(*Il fait signe à Jacquot du doigt.*)

Madame JORDONNE, *à part.*

Le Docteur a raison ; ce Jacquot me conviendroit assez. (*Haut.*) Il est vraiment bien beau, ce bouquet-là !

JACQUOT.

J'en ai pour toutes les Dames du Château.

Madame JORDONNE.

Mais, mon enfant, tu te ruines, tu ne songes donc pas que tu es Jardinier fleuriste ; que tes fleurs font toute ta fortune ?

JACQUOT.

Cela est vrai, mais coûte qui coûte dans ce moment ci . . . enfin j'en ai pour toutes les filles qui voudront danser à la fête.

Madame JORDONNE.

Tu n'as pas oublié Colette? (*A part.*) Voyons ce qu'il va me dire.

JACQUOT.

Ah ! Colette ?

Madame JORDONNE.

Tu es toujours bien amoureux d'elle ; conte-moi donc ça.

JACQUOT.
J'en aurois pour d'ici à demain, & vous
avez tant d'affaires....

Madame JORDONNE.
N'importe, n'importe; quand j'entends des
hiſtoires d'amour, cela me fait plaiſir : on
a toujours du tems de reſte pour cela.

Air : *Quand l'Auteur de la Nature.*

A tout âge on eſt ſenſible,
Le cœur ſuit un penchant invincible;
Eh ! comment eſt-il poſſible,
Sans amour,
D'être heureux un ſeul jour ?
J'aime à voir de la Jeuneſſe
La gaité, les jeux, la gentilleſſe :
Sa tendreſſe
M'intéreſſe ;
Ses plaiſirs
Réveillent mes deſirs.
A tout âge, &c.

Dans mon ame,
Des traits de flamme
Retracent mes plus doux inſtans.
Souvenance
Eſt jouiſſance :
Je me retrouve en mon printems ;
Je ris, je chante, je danſe
De bon cœur, tout comme à quinze ans.

A tout âge, &c.

JACQUOT.

Ah ! que vous dites bien vrai , Madame!

Madame JORDONNE.

Elle eſt aſſez gentille, cette petite Colette;
j'en parle ſouvent à Madame , quand elle
vient au Château ; je la fais toujours entrer;
auſſi notre Maitreſſe l'aime bien.

JACQUOT.

Oh ! pas tant que moi.

Air : *Dans un boſquet près du hameau.*

Le doux zéphir par ſa fraicheur
Fait ouvrir le ſein d'une fleur ;
D'un regard ma belle
Fait naître pour elle
Le tendre amour :
C'eſt l'Aurore nouvelle ,
Dont le retour
Annonce un beau jour.
En ſon abſence tout languit ,
Un jour ſi beau ſe change en nuit.
Mon amour fidèle
Ne trouve loin d'elle
Aucun bonheur ;
C'eſt la biſe cruelle
Dont la rigueur
A flétri mon cœur.

Madame JORDONNE.

C'eſt bien , c'eſt bien , mon enfant; voilà
comme on aime.

JACQUOT.

Il y a huit jours que je ne l'ai vue , mais....

DIVERTISSEMENT. 21

Madame JORDONNE.

Huit jours ! huit jours ! il se passe bien des choses en huit jours dans le cœur d'une fille, mon ami ; tu as eu tort de la quitter.

JACQUOT.

Comment vouliez-vous que je fisse ? Dès que j'ai appris la maladie de notre jeune Maitresse, je suis venu vîte, dar, dar, dar, sans dire adieu à Colette : j'ai tout oublié dans ce moment-là.

Madame JORDONNE.

En ce cas tu es excusable.... Mais vous êtes bien jeunes pour vous marier ensemble. Il te faudroit une femme d'expérience pour être à la tête de ton ménage, pour gouverner ta maison, pour avoir soin de toi ; te donner de bons conseils, t'instruire sur bien des choses, te conduire ; tu n'as que vingt ans & Colette est encore plus enfant que toi.

JACQUOT.

ROMANCE.

L'amour, quoiqu'il soit un enfant,
Est assez grand pour se conduire :
C'est de lui seul que l'on apprend,
Rien n'est capable de l'instruire.
Ce cœur qu'Amour a sû former
   Ne veut connoître
   Que lui pour maître ;
On sait tout, quand on sait aimer.

Madame JORDONNE.

Oui ; tu as raifon : mais il faut être bien
fûr du cœur de ce qu'on aime.

JACQUOT.

Je n'ai point d'inquiétude.

Madame JORDONNE.

A la bonne heure.

JACQUOT.

Que voulez-vous dire ?

Madame JORDONNE.

Rien, rien ; va porter les fleurs dans le
veftibule ; j'aurai foin que Madame diftingue
ton hommage, & nous nous reverrons.

JACQUOT, s'en allant.

Oui, oui, ma chere Madame.

A tout âge on eft fenfible, &c.

SCENE IV.

Madame JORDONNE, *seule.*

CES pauvres enfans s'aiment réellement; ce feroit dommage... Mais fi Colette époufe Hubert, Jacquot pourra me revenir... Ne défefpérons de rien. Ah! voilà encore du monde qui m'arrive ; c'eft Gerard notre Fermier, c'eft Hubert le Garde-Chaffe, c'eft Monfieur Amboife le Tabellion, c'eft Blaife notre Vigneron; & jufqu'à Pierrot le garçon Meunier. Approchez, nos amis ; vous êtes les bien venus.

SCENE V.

Madame JORDONNE, GERARD, LE TABELLION, HUBERT.

RONDE.

Air : *Rouler sur la fougere.*

GERARD, & HUBERT.

CEtte saison est le retour
Des Ris, des Jeux & de l'Amour.
Tous nos amans vont d'un air gai
Batifoller sur la fougere ;
Mais pour jouir du mois de Mai,
Il faut une Bergere.

LE TABELLION.

La Fortune achete à grands frais
Moins de bonheur que de regrets.
Chez nous on a ces biens parfaits
Que la Nature nous dispense ;
La santé, la gaiété, la paix,
L'amour & l'innocence.

HUBERT.

Je sers Bacchus, je sers l'Amour :
Chaque plaisir regne à son tour.
Je cours la chasse le matin,
Je bois le jour, le soir je danse,
Je dors pour me remettre en train,
Et puis je recommence.

GERARD.

Sans cesse, à la Ville, à la Cour,
Sans aimer on parle d'amour :
Sans art, sans fard, sans complimens,
On aime ici bien davantage.
Les bons amis, les vrais amans
    Ne sont plus qu'au Village.

Madame JORDONNE.

Pour l'Amour faut-il des Palais ?
Un verd Bocage sert de dais.
On a pour table ses genoux,
Tous deux on boit dans même verre,
On a pour siége un gason doux,
    Et pour lit la fougere.

Madame JORDONNE.

Mes enfans, vous n'avez pas de tems à
perdre, il faut aller chercher le mai.

HUBERT.

C'est bien dit.

GERARD, *au Tabellion.*

Eh bien ! Monsieur le Tabellion, allez
donner vos ordres, nous vous suivons.

SCENE VI.

Madame JORDONNE, GERARD, HUBERT.

GERARD.

AH çà, Madame Jordonne, on dit que Madame veut marier une fille du Village en rejouiffance de la fanté de Mademoifelle.

Madame JORDONNE.

Cela eft vrai ; c'eft toujours une bonne œuvre pour une Dame de Paroiffe de faire des mariages ; cela débarraffe les peres & meres, cela fait plaifir aux enfans, cela peuple le Village, cela fait gagner de l'argent au Tabellion & à bien d'autres gens encore ; ma foi, chacun y profite ; il faut que tout le monde vi ve.

GERARD.

Vous parlez en femme qui connoît le monde. Je voudrois déjà que ma fille fût mariée.

Air : *Margot rêvoit tranquillement.*

Toujours fautant,
Et d'un air content,

Ma fillette ne fongeoit qu'à rire.
Depuis un tems
Je vois & j'entends,
Qu'en fecret elle rêve & foupire.
Un defir vif
Lui rend l'œil actif;
Elle veut à préfent tout favoir,
Tout voir.

Madame JORDONNE.

Un mari, un mari; cela répond à tout :
c'eft l'avis de Monfieur le Docteur : il eft
de bon confeil.

HUBERT.

Oui, oui, c'eft un mari qu'il lui faut.

Madame JORDONNE.

Air.

Quand on voit d'une fille
Les charmes s'arrondir,
Quand fon regard pétille,
Qu'un mot la fait rougir;
Il eft tems qu'en ménage
Par prudence on l'engage;
Car même avant cet âge
L'amour fe fait fentir.

GERARD.

Auffi lui ai-je trouvé un bon mari.

HUBERT.

Et fi par votre moyen le choix de Madame
pouvoit tomber... la, fur Colette ?

Madame JORDONNE.

Vraiment! elle y a plus de droit que perfonne ; Gérard eft fon Fermier, c’eft notre Fermier.

GERARD.

Cela ne feroit pas mal, avec ce que je lui donne : avec ce qu’elle a déjà , avec quelque petite chofe qu’il a auffi lui, cela feroit quelque chofe encore.

Madame JORDONNE.

Comment ! que deviendra ce pauvre Jacquot ?

HUBERT.

Brrr ... Jacquot ! vantez que nous valons mieux que lui : il a fait lever le Lievre, c’eft nous qui l’avons pris.

Madame JORDONNE.

Prenez garde qu’il ne vous échappe.

GERARD.

Jacquot ! Jacquot ! un fainéant qui paffe fa vie à élever des fleurs... J’aime mieux un oignon de mon jardin que tous ceux du fien.

HUBERT.

Et un bon Lapin donc ?

GERARD.

Le jour de ma fête il m’avoit donné une demi-douzaine de fes oignons : c’étoit ce qu’il y avoit de plus rare, difoit-il, & il les avoit fait venir d’Orlande, je ne fçais d’où ; j’ai voulu les manger, c’étoit comme du chicotin.

HUBERT.

Ce drôle-là ne s’étoit-il pas avifé de tendre
fes panneaux pour prendre Colette ?

GERARD.

Il venoit l’enjôler avec fes bouquets.
Heureufement nous ne le voyons plus, ce
Jacquot ; il s’en eft allé, & ma fille a fait ma
volonté : le contrat eft figné.

Madame JORDONNE.

Comment ! déjà ? (*A part.*) J’ai quelque
efpérance.

GERARD.

Mais Madame n’a pas figné. Sans le confentement de Madame il n’y a rien de fait ;
il faut qu’elle y boutte fa fignature.

Madame JORDONNE.

Je la déterminerai...(*à part.*) felon mes intérêts.

GERARD.

Colette eft là-bas avec fes compagnes ;
je vais vous l’envoyer pour la préfenter à
Madame.

Madame JORDONNE.

C’eft bien dit. Reftez, Monfieur Hubert.

GERARD.

Madame Jordonne, je vous le recom-
mande.

Madame JORDONNE.

J’y fonge.

SCENE VII.

Madame JORDONNE, HUBERT.

Madame JORDONNE.

JE vous conseille de presser votre mariage & d'épouser la petite Colette le plutôt qu'il vous sera possible.

HUBERT.
C'est bien mon dessein.

Madame JORDONNE.
Vons l'aimez beaucoup?

HUBERT.
Pardi! si je l'aime! le papa Gérard est un pere aux écus, il ne dit pas encore tout ce qu'il a.

Madame JORDONNE.
Ah! si donc! l'intérêt....

HUBERT.
Je compte toujours sur votre protection.

Madame JORDONNE.
Ecoutez, je crains pour vous; on m'a dit que Jacquot chassoit sur vos terres.

HUBERT.

Air. *Fanfare.*

Une terre, avec moi, n'a point de braconnier :
    Pour cette race
    Je fuis fans quartier.
Je ne crains point qu'on vienne enlever mon gibier ;
    Un Garde-Chaffe
    Eft franc du collier.
Jacquot n'eft pas taillé pour chaffer à ma place ;
    Je lui fais un falut,
    S'il ofe fe mettre à l'affut.
Une terre, avec moi, &c.

Madame JORDONNE.

Encore une fois, prenez-y garde. Il me paroît que Colette & Jacquot ont de l'inclination l'un pour l'autre : il feroit fâcheux qne vous fuffiez trompé.

HUBERT.

Bon ! bon ! elle ne fera pas quatre jours en ménage avec moi qu'elle m'aimera à la folie. Quand on a de bonnes manieres pour une femme . . . ah ! ah !

Madame JORDONNE, *à part.*

Ce garçon-là a des fentimens.

HUBERT.

Il n'y a que façon de s'y prendre.

Madame JORDONNE.

Vraiment ! bien d'autres qu'elle trouveroient de l'avantage à vous avoir ; allez, Monfieur Hubert, je m'intéreffe à vous, & fi votre mariage manquoit . . .

HUBERT.

Oh ! il ne manquera pas : vous ne m'oublierez pas auprès de Madame.

Madame JORDONNE.

Je regarde vos intérêts comme les miens.

HUBERT.

Air : Des voyelles.

Je fuis joyeux, je fuis toujours gaillard,
    Je mets tous foucis à l'écart,
    Du cœur ma gaité part.
    Qu'une femme foit bifarre,
    De fon efprit je m'empare,
    J'en triomphe ; car
Je fuis joyeux, je fuis toujours gaillard :
    Sans ceffe de ma part
    C'eft un nouvel égard,
    Je ne fuis jamais en retard ;
    Et voilà tout mon art.   (Il fort.)

SCENE VIII.

Madame JORDONNE.

IL eft de bonne humeur, ce garçon-là : s'il n'époufoit pas Colette...cependant ce n'eft qu'un Garde-Chaffe . . . mais . . .

Air :

Air : *Un jour dans un verd bocage.*

Dans la faifon printanniere,
On a vingt maris pour un ;
Et pour être un peu trop fiere,
Souvent on n'en prend aucun.
L'âge rend plus docile,
On fe repent ;
Plus on attend,
Moins on eft difficile.

Ah ! voici Colette.

SCENE IX.

Madame JORDONNE , COLETTE.

COLETTE.

BOn jour, ma chere Madame ; mon pere m'envoye à vous.

Madame JORDONNE.

Oui, pour vous préfenter à Madame ? vous êtes bien aife d'être de la fête ?

COLETTE, *en pleurant.*

Oui, oui, cela me fait plaifir.

Madame JORDONNE.

Il n'y paroît guères ; vous me dites cela d'un air . . . .

COLETTE.

C'eft que je fuis tout à la fois bien gaie & bien trifte.

C

Madame JORDONNE.

De quoi êtes-vous trifte ? on dit qu'on va vous marier.

COLETTE.

Ah !

Madame JORDONNE.

Il n'y a pourtant rien qui réjouiffe tant une fille.

COLETTE.

Ce n'eft pas Jacquot qui... qui.

Madame JORDONNE.

Comment ?

COLETTE.

Il n'y a pas huit jours que ce que je vais vous dire eft arrivé.

Air : *J'étois dans mon lit tranquille.*

Nous avons une terraffe
 Au bout du jardin ,
 Qui du fien eft voifin ;
Difcrettement je m'y place
Derriere un buiffon de jafmin.
Doucement, j'écarte une branche ,
Sur le bord du mur je me panche ,
Et quelque tems fans dire mot ,
Je vois à mon aife Jacquot :
Je tire une fleur de mon fein ,
Je la lui jette avec deffein ,
Et puis je me cache foudain.

Madame JORDONNE.

Ah ! la petite malicieufe !

COLETTE.

Le cœur lui dit auſſitôt que c'eſt moi,
Avec tranſports il me nomme, il m'appelle:
Chere Colette, à mes yeux offre-toi.
Contre le mur il ajuſte une échelle.
Il me voit, je me mets à rire...
Pour tous deux quel moment flatteur !

    Jacquot ſoupire ;
    Je plains ſon martyre :
    L'Amour qui l'inſpire
    Prend un peu d'empire.
    Jacquot ſoupire ;
    Je plains ſon martyre :
    L'Amour qui l'inſpire
    Eſt auſſi dans mon cœur.

Madame JORDONNE.

Mon enfant, je ne vois que du bien à cela.

COLETTE.

Le lendemain, j'ai remonté ſur la terraſ-
ſe, je ne me ſuis pas fait voir.

Madame JORDONNE.

Pourquoi ?

COLETTE.

Ah ! parce que....

Madame JORDONNE.

Comment ?

COLETTE.

Parce que la veille j'étois ſi troublée....
On dit qu'il y a du danger à parler trop
ſouvent à un garçon qu'on aime.

Madame JORDONNE.

Quelquefois.

COLETTE.

Mais j'ai entendu qu'il difoit avec le plus grand plaifir en travaillant à fon jardin :

Air : *De mon berger volage.*

Tendre fille de Flore,
Image du plaifir ;
Colette dès l'aurore
Viendra pour vous cueillir
Vous brillerez près d'elle
D'un éclat plus parfait ;
C'eft le fein d'une Belle
Qui pare le bouquet.

Madame JORDONNE.

De mieux en mieux , il n'y a pas de quoi s'affliger.

COLETTE.

Ma chere Madame ; ce Jacquot qui me difoit tout cela fans me voir , car c'étoit de moi qu'il parloit . . . . .

Madame JORDONNE.

Eh bien ?

COLETTE.

Eh ! bien : il y a huit jours qu'il m'a quittée fans me dire adieu , fans me donner de fes nouvelles. Je ne fais ce qu'il eft devenu.

Madame JORDONNE.

Il fe trouvera ; il fe trouvera, hé ! que trop.

COLETTE.

Non ; c'eft un infidele : j'ai continué tous les jours d'aller regarder dans fon jardin ,

& ce matin je n'ai plus vû ses fleurs. On
m'a dit qu'il les avoit enlevées pour sa jeune Maitresse.

Madame JORDONNE.

Il n'y a pas de mal à cela.

COLETTE.

Sa jeune Maitresse *!* ce n'est donc pas moi ?

Air : *Quand on est bonne , bonne ménagere.*
Jacquot m'aimoit , Jacquot n'est plus le même ;
    Et malgré moi toujours je l'aime.
        Dès le point du jour ,
        Le cœur plein d'amour ,
        Il me préparoit
        Un beau bouquet.
        En amant discret ,
        Jacquot se cachoit ,
        Et contre ma porte l'attachoit.
Jacquot m'aimoit , &c.

        Le soir avec un soin extrême ,
        Sous ma fenêtre il se rendoit ,
            M'attendoit ,
            Regardoit
            Dans l'espoir
            De me voir.
        Il alloit , il venoit ,
            Tournoit ,
            Retournoit ,
            M'appelloit ,
            Soupiroit ,
            S'en alloit
            A regret.
Jacquot m'aimoit , &c   C iij

Avec tranfport il me juroit
Que j'étois fon bonheur fuprême.
Qui m'eût dit qu'il me trahiroit?
Jacquot m'aimoit, Jacquot n'eft plus le même;
Et malgré moi toujours je l'aime.

Madame JORDONNE.

Vous avez tort.

COLETTE.

J'en mourrai de chagrin.

Madame JORDONNE.

Il ne faut pas être fi fenfible; c'eft un avis
que je vous donne, ainfi qu'à toutes celles
de votre âge.

Air : *Des Infulaires.*

Croyez-moi, gentilles fillettes,
Ne prenez, dans vos jeunes ans,
Rien que la pointe des fleurettes,
Comme un papillon au printems.
Près des amans foyez follettes,
Si vous voulez les voir longtems.
En badinant,
En folâtrant,
Traitez l'Amour comme on traite un enfant:
Il ne lui faut que des amufettes.
Qu'il coure ailleurs s'il n'eft pas content.

COLETTE.

Ah ! quand une fois le cœur s'eft atta-
ché ; je n'ai jamais aimé que lui.

Madame JORDONNE.

Tenez, je fuis fûre que vous lui pardon-
nerez.

COLETTE.

Jamais, jamais Jacquot ne me fera de rien.

Madame JORDONNE.

AIR.

Trop aisément on s'abandonne
A des soupçons contre un amant :
Plus aisément on lui pardonne ;
Courroux d'amour n'a qu'un moment.
C'est un ingrat que l'on accuse ;
Le revoit-on : c'en est assez.
Même avant qu'il parle, on l'excuse,
Et tous ses torts sont effacés.

COLETTE.

Non, non, je ne saurois l'excuser.

Madame JORDONNE

Attendez, je crois l'appercevoir tout là-bas, il tient un pot de fleurs.

COLETTE.

Oui, c'est lui ; ah ! Madame, courez au devant de lui, je vous en prie, dites-lui bien que je veux le fuir, que je ne veux pas le voir.

Madame JORDONNE.

C'est ce que je vais faire. Vous faites bien d'avoir un peu de fierté.

COLETTE.

Ecoutez donc, Madame, ne l'empêchez pourtant pas de venir ; chacun est libre : mais ne lui dites pas que je vais me cacher là, pour examiner de loin sa contenance quand il viendra.   C iv

Madame JORDONNE.

Oui, oui : ah ! que je reconnois bien la Jeu-
neffe ! vous ne pourrez pas vous empêcher
de lui parler.

COLETTE.

Eh ! je n'en répondrois pas, Madame.

Madame JORDONNE.

Si vous n'avez pas le courage de le fuir,
ayez donc la force de lui dire qu'il ne fonge plus à vous. Ce pauvre Jacquot !

COLETTE.

Oh ! oui, Madame, j'ai de la force, & je
me prépare bien à lui dire tout ce qu'il faut.

Madame JORDONNE.

Je vais lui en toucher quelques mots en
paffant : ils me font pourtant pitié, je ne
fais quel parti prendre. Allons point de foi-
bleffe.

SCENE X.

COLETTE *seule.*

AIR.

AH ! que l'Amour
Nous cause d'allarmes !
Avec l'Amour
Il n'est de charmes
Que le premier jour.
On se livre sans feinte ;
Mais est-on sûr du retour ?
De l'espérance à la crainte
On passe tour-à-tour.

Ah ! que l'Amour , &c.

Mon Amant devient volage :
De l'ingrat je me dégage.
Faut-il encor que mon cœur
Sans cesse avec douleur
M'en offre l'image ?

Ah ! que l'Amour , &c.

Voici Jacquot , sauvons-nous.

SCENE XI.

JACQUOT, COLETTE.

*JACQUOT place son pot de fleurs
sur une chaise de jardin.*

MADAME Jordonne vient de me dire mis-
térieusement de me rendre dans ce bos-
quet, que Colette avoit à me parler ; c'est
une bonne femme que cette Madame Jordonne : elle a tant d'amitié pour moi ! Colette va venir : voilà le bouquet que je lui
destine ; c'est la fleur qu'elle aime le mieux.

COLETTE.

Qu'il a l'air content l'ingrat ! à qui va-t-il
faire ce présent ?

JACQUOT *prend un arrosoir.*
AIR : *Quel voile importun.*

Belle rose
Que j'arrose,
Tes charmes naissans
Sont l'honneur du Printems.
Tu vas plaire
A ma Bergere ;
Mais son teint plus frais
Efface tes attraits.

COLETTE.

Il parle seul ; je n'entends pas ce qu'il dit,
je n'ose avancer.

JACQUOT.

Il faut, avant qu'elle te cueille,
Que je t'anime d'un baiser.
Discrettement sous cette feuille
Mes levres vont le déposer.
Belle rose
Que j'arrose,
Si c'est ton destin
D'approcher de son sein ;
Si sa bouche
Aussi te touche,
Donne-lui pour moi
Ce gage de ma foi.

COLETTE.

Il baise ce bouquet, je suis trahie.

JACQUOT.

Pour Colette que j'adore,
Joli bouton, tu vas t'ouvrir ;
Reçois encore ce soupir
Pour te hâter d'éclore ;
Mais conserves-en la flâme :
Que ta jeune fleur
Se panche sur son cœur.
Que Colette, au fond de l'âme,
En sente l'ardeur,
Et songe à mon bonheur.

COLETTE.

C'étoit pour moi seule qu'il avoit autre-
fois ces foins-là.

JACQUOT.

Voilà des épînes qui pourroient la pi-
quer ; je vais prendre une ferpette.

*(Jacquot va de l'autre côté du Théâtre :
dans ce moment Colette s'approche,
renverfe le pot de fleurs & s'affied
fur la chaife.)*

SCENE XII.

JACQUOT, COLETTE.

COLETTE.

NOn, tu n'auras pas l'avantage d'offrir
ton préfent à un autre.

JACQUOT.

O dieux ! c'eft elle !

AIR : *La Colombe qui fuccombe.*

Ma Colette,
Ma poulette,
Qu'il m'eft doux de te revoir !
D'allégreffe,
De tendreffe,

Je fens mon cœur s'émouvoir.
Mais tes yeux font pleins de larmes,
Quand tout flatte notre efpoir.
Ah ! Colette , tu m'allarmes....
Quel chagrin peut-elle avoir ?
    Ma petite ,
    Qui t'agite ?
Ne puis-je enfin le fçavoir ?
    Tu m'évites ,
    Tu t'irrites :
De quoi peux-tu m'en vouloir ?

COLETTE.

Laiffez-moi, Jacquot, laiffez-moi.

JACQUOT.

Mais dis donc , parle , veux-tu me faire
mourir.

COLETTE.

AIR : *Des rues.*

Tu difois que tu m'aimois,
    Perfide ,
    Ingrat , perfide ;
Tu difois que tu m'aimois,
    Perfide ,
    Tu me trompois.
Tu m'avois donné ta foi :
Ton ferment n'eft pas folide ,
Va , parjure , laiffe-moi ;
Un nouvel amour te guide :

Laiffe-moi gémir ,
Me repentir ;
Je veux te fuir ,
Et mourir.

Tu difois que tu m'aimois , &c.

JACQUOT.

Quand j'ai dit que je t'aimois ,
Colette ,
Chere Colette ;
Quand j'ai dit que je t'aimois ,
Colette ,
Je le penfois.
Hélas ! devois-tu de moi
Eftre un inftant inquiette ?
C'eft faire injure à ma foi,
A l'ardeur la plus parfaite.
Mon cœur , tout à toi,
Veut, fous ta loi,
Vivre à jamais :
Fais la paix.

Quand j'ai dit que je t'aimois , &c.

COLETTE.

Il n'eft plus tems, Jacquot : allez retrou-
ver votre nouvelle Maitreffe

JACQUOT.

Moi ! une autre Maitreffe ?

COLETTE.

Air : *Que ne fuis-je la fougere !*
Lorfque Jacquot m'abandonne,
Qu'il eft huit jours fans me voir,
C'eft à tort qu'on le foupçonne.

JACQUOT.

L'amour cédoit au devoir.
Pour notre jeune Maitreffe,
J'ai quitté tout à l'inftant ;
Pour lui prouver fa tendreffe,
Colette en eût fait autant.

COLETTE.

Comment ! c'eft pour fervir notre jeune
Maitreffe pendant fa maladie que tu t'es en-
allé ?

JACQUOT.

Sans cela t'aurois-je quittée ?

COLETTE.

Et toutes les raretés de ton jardin, dont le
produit devoit fervir à notre établiffement,
que font-elles devenues ?

JACQUOT.

J'ai été les enlever ce matin pour lui en
faire hommage & célébrer fa convalefcence.

COLETTE.

Et ces rofes que tu regardois avec tant de
complaifance, à qui les deftinois-tu ?

JACQUOT.

A toi-même.

A I R : *Il faut , quand on aime une fois.*
On ne peut aimer qu'une fois,
    Quand on aime Colette;
Pour s'engager fous d'autres loix ,
    L'ame eft trop fatisfaite.

On ne peut aimer qu'une fois, &c.

De l'Amour écoute la voix ;
C'eft lui qui te répete :
On ne peut aimer qu'une fois ,
Quand on aime Colette.

COLETTE.
Il eft donc vrai que tu ne m'as point trahie ?
que je fuis malheureufe !
JACQUOT.
Comment ! quand je te jure de t'aimer toute ma vie !
COLETTE.

Air : *Ce que je dis eft la véritémême.*
Pourquoi dis-tu que tu m'aimes encore ?
Ah ! c'eft accroître ma douleur.
Par un deftin que mon Amant ignore,
Moi-même , hélas ! j'ai détruit mon bonheur.
Je croyois Jacquot un volage,
Et par dépit je viens de m'engager.
Ton rival.... Ah ciel ! quelle image !
Mon trifte fort va te venger.

Pourquoi dis-tu , &c.
JACQUOT.

JACQUOT.

Qu'as-tu fait ? Que veux-tu dire ?

COLETTE.

Hubert a profité de ton absence pour
te rendre suspect à mon cœur. Tout con-
firmoit mes soupçons ; il a pressé mon pere
de lui accorder ma main ; &....

JACQUOT.

Tu as consenti ?

COLETTE.

Oui Jacquot.

Air : *Menuet de la Comédie Italienne.*

JAQUOT.

Moi qui t'aime !
Toi qui dois m'aimer de même !
Car tu l'as juré,
J'en étois assuré :
Mon cœur s'étoit livré ;
Tu fais de ton plein gré
Ma peine extrême !
Moi qui t'aime !
Toi qui dois m'aimer de même,
Peux-tu m'affliger,
Cruelle, sans songer
Que mon cœur moins léger
Ne peut changer ?

COLETTE.

Ah ! daigne en croire
Mes pleurs.
J'aurai toujours en mémoire...
Je meurs.

D

De nos amours,
Qui faifoient nos beaux jours,
J'aurai toujours mémoire,
Toujours.
C'eft ta flamme
Qui foutient encor mon ame.
Un autre a ma foi;
On difpofe de moi :
Mais mon cœur eft à toi,
Toujours à toi.

JACQUOT.

Moi qui t'aime !

COLETTE.

Moi je t'aime auffi de même.

JACQUOT.

Tu me l'as juré.

COLETTE.

Sois-en bien affuré.

JACQUOT.

Mon cœur s'étoit livré :
Tu fais de ton plein gré
Ma peine extrême ;
Moi qui t'aime !

COLETTE.

Moi je t'aime auffi de même.

JACQUOT.

Peux tu m'affliger,
Cruelle, fans fonger
Que mon cœur moins léger
Ne peut changer ?

COLETTE.

Sais-je feindre ?
Tu me connois bien.

JACQUOT.

Serrons notre lien.

COLETTE.

N'efpére rien.

JACQUOT.

Sans nous plaindre,
Cherchons tous les deux
Le moyen d'être heureux.
Tous mes tranfports fe raniment ;
Ah ! combien d'amour expriment
Tes yeux !

ENSEMBLE.

JACQUOT.   COLETTE.

Oui je t'aime ;   Oui, je t'aime,
Si tu me chéris de même, Et t'aimerai toujours de
Je fuis raffuré.   même :
                         Je te l'ai juré ;
Mon cœur eft enivré :   Sois-en bien affuré.
Oui, tant que je vivrai, Oui, tant que je vivrai,
Je t'aimerai.   Je t'aimerai.

JACQUOT.

Ecoute, ma chere Colette ; fi tu demandois à différer ton mariage de quelques jours, Madame Jordonne eft dans nos intérêts, elle parleroit de notre amour à Madame. Madame n'a point donné fon confentement, nous avons encore de l'efpérance.

SCENE XIII.

JACQUOT, COLETTE, THIBAULT.

THIBAULT.

AH! Jacquot, mon ami Jacquot, je viens t'avertir que tes affaires vont mal.

JACQUOT.

Comment?

THIBAULT.

Madame Jordonne est avec notre Maitresse dans le Pavillon du Jardin, comme je travaillois auprès, j'ai entendu qu'elle parloit de toi.

JACQUOT.

De moi?

THIBAULT.

Je me suis approché tout doucement de la fenêtre pour écouter sans être vû.

COLETTE.

Que disoit-on?

THIBAULT.

Madame Jordonne repréfentoit les bons

ſervices de Jacquot ; all'diſoit comme ça que c'étoit un bon garçon que Jacquot, & qu'all' l'aimoit de tout ſon cœur.

JACQUOT.

Je le ſais. J'ai en elle une bonne amie.

THIBAULT.

Je le ſais ben itou morgué ! je me ſuis apperçû de ça tantôt quand all' te parloit ; mais ça n'accommode pas Mam'zelle Colette.

JACQUOT.

Pourquoi ?

THIBAULT.

C'eſt que Madame Jordonne a dit encore comme ça que Monſieur le Docteur lui avoit donné une ordonnance de mariage : Madame a dit, dit-elle, comme ça, que c'étoit bon.

JACQUOT ET COLETTE.

Quel galimatias ! après, après.

THIBAULT.

Et puis all' parliont tout bas & puis tout haut : j'ons entendu marmurer d'Hubert. Enfin finale Madame a dit, dit-elle, qu'all' approuvoit tout ça & qu'all' vouloit que le mariage de Colette ſe fît drès aujourd'hui.

D iij

COLETTE.

Que je fuis à plaindre !

THIBAULT.

Tant y a qu'all' a demandé de l'encre &
du papier pour donner fes ordres qu'on
remettra au Tabellion , & pendant qu'il
griffonne , je viens te dire ça fans que ça
paroiffe. Adieu.

JACQUOT.

Ecoute , écoute donc.

THIBAULT.

Non, tatigué ! fi Madame Jordonne... Tians,
m'eft avis que c'eft-elle qui a manigancé
tout ça avec Hubert ; elle m'a tarabufté
tantôt. Je retourne à mon travail.

SCENE XIV.

JACQUOT, COLETTE.

COLETTE.

Madame Jordonne!

JACQUOT.

Hubert!

Air : Rien, pere Cyprien.

JACQUOT.	COLETTE.
Ah! le cruel état!	O! peine extrême!
Le fcélérat	C'eft toi que j'aime;
T'enleve en ce jour	Hélas! tu ne peux m'ob-
A mon amour.	tenir.
Je veux prévenir....	Que devenir?
Puis-je fouffrir?....	Ah! téméraire!
Il faut punir....	Que vas-tu faire?
Quand j'en devrois mourir.	O Ciel! dans un nouveau
Non! ne m'arrête pas..	danger
Toi dans fes bras!...	C'eft t'engager.

Dans mon défefpoir...
Nous allons voir...
Oui je vais, je cours....
J'aurai recours...
Je dois fonger
A me venger.

COLETTE.

Ah! Jacquot! Jacquot!... Il ne m'entend plus : je n'ai pas la force de le fuivre ; dans quelle inquiétude il me jette!

SCENE XV.

COLETTE, LE DOCTEUR.

LE DOCTEUR.

QU'eſt-ce donc, ma fille ? qu'eſt-ce que vous avez ?

COLETTE, *en ſoupirant.*

Rien, Monſieur, rien.

LE DOCTEUR.

Mais cependant vous êtes dans une émotion . . .

COLETTE.

Point du tout, Monſieur, point du tout.

LE DOCTEUR.

Votre ſituation n'eſt pas naturelle : confiez-vous à moi : je ſuis le Médecin du Château, je ſerai volontiers le vôtre. (*à part.*) Elle eſt gentille.

COLETTE.

Bien obligée, Monſieur: mais ce n'eſt rien.

LE DOCTEUR.

Un rien peut devenir quelque choſe : tenez, ma fille, il y a trois eſpéces de gens dans le monde à qui l'on ne doit rien cacher ; à ſon Avocat, à ſon Médecin, & . . . dites-moi ce que vous avez.

COLETTE

Il eſt vrai que je ne me ſens pas bien.

LE DOCTEUR.

C'eſt ce que je vois ; mais je vous guérirai, je vous guérirai.(*à part.*)Ah! le joli ſujet pour exercer mon art !

COLETTE.

Ah! Monſieur le Docteur, c'eſt un mal ſans remede.

LE DOCTEUR.

On en trouvera : quel âge avez-vous?

COLETTE.

Quinze ans.

LE DOCTEUR.

Vous êtes affligée de quinze ans ? voilà une jolie maladie.

COLETTE.

Tout autant, Monſieur, vienne la Saint-Jean.

LE DOCTEUR.

Oh ! il y a de la reſſource : c'eſt préciſé-ſément à cet âge-là que je prends les mala-des pour étudier les ſymptômes. Regardez-moi, laiſſez-moi voir dans vos yeux. Com-ment! vous les baiſſez! vous pleurez !

COLETTE.

Ah! Monſieur , laiſſez-moi m'en aller. C'eſt que je veux m'en-aller.

LE DOCTEUR.

Reftez, reftez : n'êtes-vous pas cette petite Colette , la Maitreffe de Jacquot ?

COLETTE.

Ah ! Monfieur, il va fe battre contre Hubert ; il eft forti furieux.

LE DOCTEUR.

Raffurez-vous. Il cherche Madame Jordonne, il veut parler à Madame. Je l'ai en-
voyé au Château.

COLETTE.

Cela me tranquillife.

LE DOCTEUR.

Vous y prenez donc bien de l'intérêt ?

COLETTE.

ARIETTE.

Si vous fçaviez ; j'aime Jacquot , il m'aime :
Mais je ne peux jamais l'aimer affez.
Si vous fçaviez ... quels momens j'ai paffés !
Ils faifoient mon bonheur fuprême.
Ah ! je ne peux jamais l'aimer affez.
Ciel ! par une rigueur extrême ,
On fépare deux cœurs fi tendrement liés.
Jamais fi doux momens ne feront oubliés.
Si vous fçaviez , &c.

LE DOCTEUR.

Le tems eft un grand Médecin.

COLETTE.

Non , Monfieur ; Jacquot en mourra de
douleur. Ah ! je vous prie d'avoir foin de

lui, de ne pas l'abandonner, de le confo-
ler, de lui dire que je l'aimerai toujours.

LE DOCTEUR.

Il n'en mourra point. J'ai une bonne re-
cette toute prête.

COLETTE.

Et quelle eft-elle, Monfieur ?

LE DOCTEUR.

Jacquot fe fait aimer de tout le monde.

COLETTE.

Ah ! cela eft bien vrai.

LE DOCTEUR.

Et il ne peut pas manquer de trouver un
établiffement heureux ; & j'ai en vûe pour
lui une femme d'un certain âge, il eft vrai ;
mais qui lui conviendra & pourra le confo-
ler de votre perte.

COLETTE.

Qui donc, Monfieur ?

LE DOCTEUR.

Madame Jordonne.

COLETTE, *à part.*

Ah ! Thibault l'a bien dit.

LE DOCTEUR.

Je me fais fort de la déterminer à cela.

COLETTE, *avec vivacité.*

Point du tout, Monfieur, point du tout.
Si Jacquot étoit capable . . . .

LE DOCTEUR.

Voulez-vous donc qu'il meure de chagrin ?

CO LE T T E.

Lui qu'il meure ! ah Ciel! je ne fais pas moi-même ce que je veux ; du moins je vous demande une grace.

LE DOCTEUR.

Quoi ?

COLETTE.

C'eft de dire à mon pere que je fuis fa fille.

LE DOCTEUR.

Eft-ce qu'il ne le fait pas ?

COLETTE.

Que je le prie du moins de retarder mon mariage de quelques jours.

LE DOCTEUR.

Vous êtes inconcevable. Je ne vois tous les jours que des filles qui me demandent tout le contraire.

COLETTE.

Il faudroit trouver un expédient.

LE DOCTEUR.

Il n'y a rien de fi fimple : il n'y a qu'à dire que vous êtes malade , & fi vous voulez . . .

COLETTE.

Ah ! fi vous avez ce fecret-là, que ce foit pour Hubert. Je ne voudrois pourtant pas qu'il en mourût tout-à-fait.

LE DOCTEUR.

Nous n'en viendrons pas à cette extré-mité-là. Je ferai entendre raifon à votre

papa Gérard, ma petite amie : que me don-
nerez vous pour vous rendre ce service ?
COLETTE.

Ah! Monfieur, tout ce qui dépendra de
moi.
LE DOCTEUR.

Je ne veux qu'un baifer.
COLETTE.

Vous me faites trop d'honneur, Monfieur.
LE DOCTEUR.

(*Il lui paſſe la main fous le menton, & veutl'emb.aſſer.*)
Qu'elle eft appétiſſante !

SCENE XVI.

**LE DOCTEUR, COLETTE, GERARD,
HUBERT.**

HUBERT.

Doucement, doucement donc ; Monfieur le Docteur : diable! comme vous y
allez!
LE DOCTEUR.

Que veut dire cet étourdi ? Monfieur Gérard, cet enfant n'eft pas bien. J'examinois
de près fon état.
HUBERT.

Oui, un peu de trop près, à ce qu'il me
femble.

LE DOCTEUR.

Tais-toi.

Air : *La mode à l'envers.*

(*A Gérard.*)
> Oui, votre fille n'eſt pas bien ;
> Croyez-en ma ſcience :
> Je ne ſuis pas Docteur pour rien ;
> Suivez mon ordonnance :
> Il faut differer ſon lien.

(*A Hubert.*)
> Et toi , prends patience.
> Je connois le mal qui la tient ,
> Et le remede qui convient ;
> C'eſt un ſecret qui m'appartient.

(*Bas à Colette.*)
> Je ſuis homme d'experience.
> Paſſez ce ſoir à la maiſon.

Haut à Gérard.)
> Je vous répond
> De ſa guériſon.

(*Prêt à rentrer dans la couliſſe.*)

Si j'avois une petite gouvernante comme cela !

SCENE XVII.

GÉRARD , HUBERT , COLETTE.

GERARD.

COmment donc, ma pauvre petite fille !
Que veut-il dire ?

COLETTE.

Il est vrai que je ne suis pas tranquille.

HUBERT.

Bon ! bon ! ça se passera : ne voyez-vous
pas que ce Médecin-là est un enjôleux ? Il
lui passoit la main sous le menton pour lui
tâter le pouls. Pargué ! à ce prix là je serois
Médecin comme lui, moi. Allons notre train.

GERARD.

Tu as raison, car je m'apperçois comme
toi que ce Médecin est un gaillard. Allons,
ma fille ; ce ne sera rien ; égaye-toi : voilà
nos camarades qui viennent.

SCENE XVIII.

MATHURINE, LE TABELLION, LE GARDE-MOULIN, THERESE, Madame JORDONNE, GERARD HUBERT.

Madame JORDONNE.

J'Apporte une bonne nouvelle,
L'espoir de Colette est rempli :
L'Amour s'intéresse pour elle,
Madame lui donne un mari.

LE TABELLION.

Chantons le bonheur de Colette.

MATHURINE.

Un bon mari devient son lot.

LE GARDE-MOULIN.

Sa noce demain sera faite.

MATHURINE, LE TABELLION,
& Madame JORDONNE.

Et l'Amour sera de l'écot.

CHŒUR.

Chantons le bonheur de Colette,
L'Amour sera de l'écot.

HUBERT.

Madame approuve donc le mariage?

Madame JORDONNE.

Oui, oui, le mariage.

COLETTE.

DIVERTISSEMENT. 65

COLETTE.

Quel fera mon fort!

GERARD.

Il faudra ftipuler dans le contrat la dot
que Madame donne à Colette.

LE TABELLION.

Bien entendu, il faut qu'elle figne & c'eft
pour cela que j'ai apporté la minute du contrat.

HUBERT, *à Madame Jordonne.*

La dot eft-elle un peu forte, ma chere
bonne?

COLETTE.

Vous êtes bien intéreffé.

GERARD.

Ça peut fe demander.

Madame JORDONNE.

Voici Monfieur le Docteur qui vient vous
apporter les ordres de Madame.

E

SCENE XIX. *& derniere.*

Madame JORDONNE, HUBERT,
GERARD, COLETTE, JACQUOT,
LE DOCTEUR, LE TABELLION,
PAYSANS.

JACQUOT.

AH ! je n'en puis plus, je suis si saisi ...
Colette.... Monsieur Gérard........ ma
chere Madame Jordonne...

COLETTE.
Il embrasse cette méchante femme !

LE DOCTEUR.
Paix. Prêtez silence. Voici les volontés
de Madame que je remets de sa part à Monsieur le Tabellion.

LE TABELLION.
Chapeau bas.

HUBERT.
Cela est juste.

LE TABELLION *lit.*
Je donne mille écus pour marier Colette.

GERARD, *à Hubert.*
Mille écus, mon gendre !

HUBERT.

Mille écus !

LE TABELLION.

En lui laiſſant la liberté de choiſir qui elle
voudra pour mari.

HUBERT.

Son choix eſt fait.

LE DOCTEUR.

Taiſez-vous donc.

LE TABELLION.

Je donne également mille écus à Jacquot
en récompenſe de ſon zèle & de ſon atta-
chement pour nous.

JACQUOT.

Je ne mérite rien, je n'ai fait que mon
devoir.

HUBERT.

Jacquot ! cela ne nous regarde pas.

GERARD.

Paſſons, paſſons.

Madame JORDONNE.

Mais, mais vous ne laiſſez pas achever.

LE DOCTEUR.

Oui, paix donc. Je ſuis ici pour donner
de l'autorité.

LE TABELLION.

Je remets à Gérard une année du loyer de ma ferme.

GERARD.

Ah ! la généreuse Dame ! la bonne Dame !

LE TABELLION.

Une année du loyer de ma ferme, fi le choix tombe fur Jacquot.

GERARD.

Ecoutez donc, Monfieur Hubert : cela mérite attention. Ma fille, tu es libre.

COLETTE.

J'ai donné ma parole à mon pere.

HUBERT.

Vous voyez bien.

COLETTE.

J'époufois Hubert par obéiffance ; mais mon cœur s'étoit engagé d'avance à Jacquot par inclination, & je reviens à mon premier choix.

LE DOCTEUR.

Elle eft guérie : voilà l'effet de mon ordonnance.

GERARD.

Hé bien ! Jacquot, touche-là.... embraffe Colette.

LE TABELLION.

Il faut obéir à Madame.

HUBERT.

Attendez - donc.... Jarnigué !

Madame JORDONNE.

Patience, patience : n'y a-t-il pas encore quelque petite chofe ?

LE TABELLION.

Oui : cela regarde Monfieur Hubert.

HUBERT.

Cela me regarde ?

LE TABELLION.

A l'égard d'Hubert , comme je veux que tout le monde foit heureux , je permets, s'il n'époufe pas Colette, qu'il donne la main à Madame Jordonne , & je le fais Concierge du Château.

HUBERT.

Allons , la volonté de Madame foit faite. Vous êtes riche, Madame Jordonne.

Madame JORDONNE.

Et vous trop intéreffé. J'aime encore mieux refter telle que je fuis ; mais vous ne profiterez pas moins des bontés de Madame.

HUBERT.

Je gagnerai encore à ce marché-là.

LE DOCTEUR.

Vous avez l'ame noble.

Madame JORDONNE.

Cependant , Monfieur le Docteur ;
vous m'aviez promis un mari de votre
main.

LE DOCTEUR.

Le voici , Madame Jordonne , ma petite Catherine : paix, paix; n'en difons rien
devant ces gens-là , & demain nous termi-
nerons.

Madame JORDONNE.

Oui , oui : mais , fi vous faites le vieux
devant le monde , fongez toujours à être
jeune dans le ménage.

LE DOCTEUR.

C'eft bien mon intention , Madame
Jordonne.

Madame JORDONNE.

Mais je vois ouvrir les fenêtres du Château : allons , mes amis , que la fête com-
mence.

(Dans cet inftant les fenêtres s'ouvrent,
on voit paroître la Dame du Château
avec fa compagnie fur le balcon.)

CHŒUR GÉNERAL.

Air : *Allemande à la mode.*

Madame JORDONNE.

Prouvez à l'inſtant
Le zele ardent
Qui nous enflâme.

LE DOCTEUR.

Allons, allons gai ,
Plantons le Mai ;
C'eſt pour Madame.

CHŒUR.

Allons , allons , gai ,
Plantons le Mai ;
C'eſt pour Madame.

JACQUOT.

Son cœur généreux
Forme nos nœuds,
Nous rend heureux
Tous deux.

COLETTE.

Elle ſatisfait ,
Par le bienfait,
Toujours ſon âme.

CHŒUR.
Allons, allons gai,
Plantez } le Mai;
Plantons }
C'eſt pour Madame:

Madame JORDONNE.
Danſez à l'entour,
Jeunes garçons,
Jeunes fillettes.
LE DOCTEUR.
Célébrez ce jour
Par vos chanſons,
Vos amourettes.
JACQUOT, *à Colette.*
Dans mon cœur eſt le printems,
Dans tes yeux eſt l'aurore.
Ah! combien de doux inſtans
Ce jour va faire éclore !
COLETTE.
Chantez en chœur
Monſeigneur
Le Docteur.
JACQUOT.
Même honneur
A Madame Jordonne.
(*Avec Colette.*)
Ces deux amans
Ont paſſé leur printems;
Mais il eſt pour eux des fleurs d'automne.
CHŒUR.
Ces deux amans, &c.

LE DOCTEUR.

Sans être dans mon printems,
Comme vous je moiſſonne ;
Je ſçais cueillir en tout tems
Les roſes qu'Amour donne.

CHŒUR.

Il ſçait cueillir en tout tems
Les roſes qu'Amour donne.

HUBERT, *une bouteille à la main.*

Çà, mes amis, qu'on arroſe
Ce joli Mai que l'on poſe.

CHŒUR.

Livrons-nous à la gaieté,
Le plaiſir nous enflâme.
Buvons tous à la ſanté
De cette chere Dame.

Madame JORDONNE.

On doit regarder nos jeux
Comme une bagatelle ;
Mais nous ferons trop heureux,
Si l'on fait grace au zele.

CHŒUR,

Mais nous ferons trop heureux,
Si l'on fait grace au zele.

A I R.

BElle . rose, Que j'ar ro- se, Tes charmes naif-
fans Sont l'honneur du prin- tems : Tu vas
plaire A ma Ber- ge- re : Mais son teint plus
frais Effa- ce tes at- traits. Il faut, a-
vant qu'elle te cueil-le, Que je t'a- nime
d'un bai- fer : Discrette- ment fous cet- te

feuil- le Mes levres vont le dé- po- fer.

Belle rofe, Que j'ar- ro- fe, Si c'eft ton def-

tin D'approcher de fon fein; Si fa bouche Auf-

fi te tou- che, Donne lui pour moi Ce ga- ge

de ma foi.

POur Co- lette que j'a- do- re, Joli- bou-

ton, tu vas t'ouvrir: Reçois en- co- re ce fou-

pir, Pour te hâ- ter d'é-clo- re. Mais con-
serves- en la flam- me : Que ta jeu- ne
fleur Se panche sur son cœur ; Que Co-lette, au
fond de l'a- me, En sente l'ar- deur, Et
songe à mon bon- heur.

FIN.

APPROBATION.

J'Ai lû, par ordre de Monſeigneur le Vice-
Chancelier, *la Fête du Château*, Divertiſſement;
& je crois qu'on peut en permettre l'impreſſion.
A Paris, ce 25 Septembre 1766.　　MARIN.

Le Privilége & l'Enregiſtrement ſe trouvent au Re-
cueil de Piéces de Théâtre de la Comédie Italienne.